PRIMEROS PASOS

Comenzando con Jesús

BOB GORDON Y DAVID FARDOULY

EDITORIAL
Carisma

Publicado por
Editorial **Carisma**
Miami, Fl. U.S.A.
Derechos reservados

Primera edición en español 1993

© 1988 por Bob Gordon
Originalmente publicado en inglés con el título:
First Steps in the Way por Sovereign World Ltd.
P.O Box 17, Chichester, West Sussex
PO20 6RY England.

Citas Bíblicas tomadas de la Santa Biblia, Revisión 1960
© Sociedades Bíblicas Unidas
Usada con permiso

Cubierta diseñada: Héctor Lozano

Producto 550010
ISBN 1-56063-416-2
Impreso en Colombia
Printed in Colombia

Indice

Introducción

La mejor manera de hacer este curso es con la ayuda de una persona indicada por la iglesia local. Se sugiere que primero realices tú solo cada estudio y después con la persona indicada a fin de que pueda ayudarte a comprender lo que has leído y dar respuesta a tus preguntas. Estará allí para ayudarte y para ser tu amigo al principio de tu vida cristiana. Es posible realizar este estudio como parte de un grupo pequeño o bien tu solo.

Mientras hagas el curso espera que Dios te hable y te diga más sobre Sí mismo. Ora (o habla) con Dios antes de empezar cada estudio. Pide Su ayuda para comprender lo que lees, y busca cosas que necesitas aplicar a tu vida. No hagas los estudios apresuradamente. Si vas a hacerlos con otra persona entonces decidid juntos un horario, que sea de mutua conveniencia para reuniros, y el ritmo a seguir. Un grupo decidirá su propio horario. Si realizas los estudios solo, entonces no intentes más de un estudio al día (la excepción a esto son los estudios 1 y 2 que se pueden hacer conjuntamente).

Las referencias bíblicas aparecen de forma abreviada, por ejemplo:

1	Juan	2	3
Número del libro (si es pertinente)	Nombre del libro	Número del capítulo	Número del versículo

Si son referidos más de un versículo, lee desde el primer versículo mencionado hasta el último, por ejemplo: 1-3 significa lee los versículos 1,2 y 3.

La mayoría de bíblias tienen una página índice al principio, a la cual puedes acudir para obtener el número de página del libro mencionado. Los versículos citados son de la versión Reina Valera a menos que se indique lo contrario.

NOTA: Si hay alguna palabra en el libro que no entiendes, consulta el Glosario al final de este libro.

Estudio 1

La Obra de Jesús

¿Quién era Jesús?

- Si Jesús era quien afirmó ser, entonces fue la persona más importante que nunca jamás ha vivido. Afirmó ser el Hijo de Dios, el Creador y Gobernante supremo del universo, que vino al mundo para rescatar a toda la humanidad.

- Si Jesús no fue quien afirmó ser, entonces debió de estar loco o ser un timador. Esto significaría que millones de personas a lo largo de la historia han sido engañadas e incluso han entregado la vida por una mentira. Sin embargo, la historia misma ha sido cambiada por este hombre y alrededor de un tercio de la población del mundo, hoy en día, le sigue, al menos nominalmente. Millones de personas afirman conocerlo personalmente y viven bajo Su guía y dirección. Si fue un mentiroso o lunático, ¡tuvo gran impacto!

- Si Jesús es quien afirma ser, y sí murió, fue resucitado de la muerte y fue a estar con Su Padre en el cielo, entonces vive hoy y le ignoramos a nuestro cuenta y riesgo.

¿Podría ser El, el ingrediente vital que le falta a tu vida? ¿Es El, la pieza del rompecabezas que hace que todas las demás piezas tengan sentido?

Qué hizo Jesús por nosotros?

Vino para:

1. Librarnos del Juicio

"Y de la manera que está establecido para los hombres que mueran una sola vez, y después de esto el juicio".

(Hebreos 9:27)

La muerte física no es la mayor amenaza a una persona. La muerte en un sentido espiritual es un porvenir mucho más horroroso. Esto significa la separación absoluta y eterna de un Dios amoroso. El veredicto de Dios de muerte espiritual es consecuencia de nuestro pecado. Sin embargo, Jesús llevó nuestros pecados y llevó el juicio sobre Sí mismo para que aquellos que confíen en El no tengan necesidad de temer ningún juicio.

2. Para mostrarnos el amor de Dios

*"En esto consiste el amor: no en que noso-
tros hayamos amado a Dios, sino en que El
nos amó a nosotros, y envió a Su Hijo en
propiciación por nuestros pecados".*

(1 Juan 4:10)

El amor de Dios para cada uno de nosotros va
más allá del entendimiento humano. Esto no es
mera amistad, afecto o lealtad: ni siquiera el más
profundo amor entre dos seres humanos. Es 'ága-
pe', el amor desinteresado de Dios que Se entrega
completamente para salvar a Su creación, el hombre.

3. Para hacer posible el perdón

*"en quien tenemos redención por Su Sangre,
el perdón de pecados..."*

(Efesios 1:7)

La culpabilidad es el problema universal de la
raza humana. Muchas veces nos sentimos culpables sin saber de qué nos sentimos culpables. La
verdad es que nuestro pecado nos ha separado de
Dios y ha desbaratado nuestra conciencia y ésta
es la causa de nuestros sentimientos de culpabilidad. Jesús, sin embargo, llevó esta culpabilidad
por nosotros, y poniendo nuestra confianza en El
podemos ser perdonados de todo lo que hayamos

hecho que sea desagradable a Dios. Entonces, ya no estaremos separados de Dios y seremos libres de culpabilidad.

4. Para llevarnos de nuevo a Dios

"Porque también Cristo padeció una sola vez por los pecados, el justo por los injustos, para llevarnos a Dios ..."

(1 Pedro 3:18)

El hombre es un extranjero, perdido en su propio planeta. Su rebelión y orgullo, le han separado de su Creador. Ha perdido su casa y el camino de vuelta a casa. Jesús vino para salvar a los perdidos y por medio de Su muerte ha hecho el camino de vuelta a Dios.

5. Para liberar el poder sanador de Dios

"quien llevó El mismo nuestros pecados en Su cuerpo sobre el madero ... y por cuya herida fuisteis sanados".

(1 Pedro 2:24)

La enfermedad y el dolor jamás formaron parte del plan original de Dios para el hombre. Tampoco son parte de Su plan futuro (véase Apocalipsis 21:4). Hoy puedes conocer el poder sanador y liberador de Dios. En la Cruz Jesús entró en nuestro sufrimiento y dolor y nos rescató tanto del poder como de los efectos del pecado y la enfermedad.

6. Para vencer los poderes de la maldad

"y despojando a los principados y a las potestades, los exhibió públicamente, triunfando sobre ellos en la cruz".

(Colosenses 2:15)

Los poderes de las tinieblas amenazan con sumergir a la humanidad. Satanás (el diablo) es el príncipe de las tinieblas e intenta mantener a las personas ciegas respecto a Dios. Pero en la Cruz, Jesús Se confrontó con todo poder de la maldad y con Satanás mismo y por medio de Su muerte y resurrección los venció por completo.

7. Para rescatarnos de la muerte

"para destruir por medio de la muerte al que tenía el imperio de la muerte, esto es, al diablo, y librar a todos los que por el temor de la muerte estaban durante toda la vida sujetos a servidumbre".

(Hebreos 2:14-15)

"La muerte es una cosa terrible porque es un fin", dijo el filósofo Aristóteles. Pero el 'segador inexorable' no contiene temor para el cristiano porque su confianza está en Jesús que entró en la muerte y rompió su poder completamente por el poder de Su resurrección.

8. Para darnos el poder de la resurrección

"Porque si fuimos plantados juntamente con El en la semejanza de Su muerte, así también lo seremos en la de Su resurrección"

(Romanos 6:5)

Esto no significa que tengamos que esperar hasta después de morir para experimentar el poder de la resurrección de Dios. ¡Podemos conocerlo ahora! Separados del poder de Dios somos redrojos espirituales. No tenemos ni siquiera la habilidad de gobernarnos a nosotros mismos y muchísimo menos las situaciones en las que nos encontramos a diario. Dios quiere poner en nuestra vida el mismo poder por el cual levantó a Jesús de entre los muertos (véase Efesios 1:18-23).

Oración:

Omnipotente Dios, Jesús parece haber hecho tanto por mí. Si Jesús es en verdad el Hijo de Dios y el Salvador del mundo, entonces sí quiero conocerlo personalmente. Abreme los ojos y muéstrame la verdad. Te lo pido en el nombre de Jesús. Amén.

Estudio 2

Porque de tal manera amó Dios al mundo

El plan de Dios

"Porque de tal manera amó Dios al mundo (¡esto te incluye a ti!), que ha dado a Su Hijo unigénito, para que todo aquel que en El cree, no se pierda, mas tenga vida eterna".

(Juan 3:16)

Dios creó un mundo precioso y es Su plan que el hombre sirva y adore a Dios. Sin embargo, este plan ha sido estropeado por todos desde el primer hombre hasta tú y yo. Todos nos hemos rebelado contra Dios, escogiendo vivir como nos da la gana, sin El. A esto la Biblia lo llama pecado. Debido a esto la raza humana se ha echado a perder trayendo caos y desastre al mundo.

El Hijo de Dios

"por cuanto todos pecaron, y están destitui-
dos de la gloria de Dios."

(Romanos 3:23)

Merecemos sufrir la consecuencia de nuestro pecado y rechazo a Dios, que es el ser rechazados por Dios para siempre. Sin embargo, Dios ama al mundo, a ti y a mí, tanto que envió a Su Hijo Jesús, que también era Dios, a compartir nuestra vida e infortunios. Pero al contrario que nosotros, Jesús no pecó. De hecho, El andaba invirtiendo los efectos de nuestra rebelión. La ira de Dios por nuestra rebelión cayó sobre Jesús, que era absolutamente inocente. Fue castigado en nuestro lugar y murió una muerte agonizante. La Biblia dice que cuando fue crucificado llevó nuestra naturaleza pecaminosa en Sí mismo. No obstante, Jesús no permaneció muerto. Dios le levantó de la muerte y apareció a muchos en la tierra antes de que Dios le llevara a estar con El. La vida, muerte y resurrección de Jesús abrió el camino para que nosotros podamos tener una relación restaurada con Dios.

El perdón de Dios

"El que encubre sus pecados no prosperará; mas el que los confiesa y se aparta alcanzará misericordia".

(Proverbios 28:13)

Antes de estar a cuenta con Dios, necesitamos decir que lamentamos nuestra rebelión, admitir que estamos equivocados y pedir el perdón de Dios, creyendo que Jesús murió en nuestro lugar. Cuando Dios nos perdona, estamos a cuenta con El y podemos empezar nuestra vida de nuevo. Realmente se parece a nacer de nuevo en una vida nueva, porque Dios nos ve como nuevos. Dios incluso nos da el Espíritu Santo, que también es Dios, para ayudarnos a vivir la vida que El quiere para nosotros.

La respuesta de Dios

"Jesús le dijo: Yo soy el camino, la verdad y la vida; nadie viene al Padre, sino por Mí".

(Juan 14:6)

El hombre ha probado toda clase de cosas para restaurar su necesidad interior de tener una relación con Dios, incluidas las buenas obras, la caridad y la religión. Estas cosas no alcanzan su meta porque no son la respuesta de Dios al problema de

15

nuestra separación de El. La respuesta de Dios es JESUS.

Nuestra elección

"que si confesares con tu boca que Jesús es el Señor, y creyeres en tu corazón que Dios le levantó de los muertos, serás salvo".

(Romanos 10:9)

Jesús dijo que volverá algún día para juzgar al mundo, tanto a los vivos como a los muertos. Cuando suceda esto, los que se han puesto bien con Dios vivirán para siempre en Su presencia. Pero si hemos rechazado a Dios y Su plan de rescatarnos por medio de Jesús, entonces nos enfrentamos con el resultado de nuestra decisión: una eternidad sin Dios, sin amor, sin amigos, sin esperanza y sin nada bueno o bonito. Dios nos ha dado la elección; debemos escoger hoy antes de que sea demasiado tarde. Es la elección más importante que jamás tengamos que hacer y se trata de una cuestión de vida o muerte.

Vida en abundancia

Jesús dijo: "Yo he venido para que tengan vida, y para que la tengan en abundancia".

(Juan 10:10)

Dios quiere cambiar este mundo. Quiere hacerlo a través de ti y de mí, viniendo a vivir en nuestro corazón, compartiendo nuestros problemas, nuestros gozos, nuestras dificultades y compartiendo Su poder del Espíritu Santo para ayudarnos a vivir de la manera que El pretendía.

Nuestra respuesta

Existen cuatro pasos sencillos a tomar para valerte de la obra que hizo Jesús por nosotros:

1. Necesitamos admitir que sí que desagradamos a Dios (pecado) y no llegamos a la medida de Dios.
2. Necesitamos, con la ayuda de Dios, dar la espalda al seguir nuestro propio camino y en cambio seguir el camino de Dios (el arrepentimiento).
3. Necesitamos creer que Jesucristo, el Hijo de Dios, murió en la cruz para llevar el castigo por nuestro pecado y por tanto nos capacitó para tener, de nuevo, una relación con Dios.
4. Necesitamos creer que Dios resucitó a Jesús de la muerte, y que ahora está a la diestra de Dios Padre. Debemos confiar en Jesús y hacerle nuestro Señor y Salvador y someterle nuestra vida. Hacer a alguien Señor significa que le hacemos jefe. Cuando Jesús nos pide que hagamos algo, necesitamos obedecerle.

La garantía de Dios

Si haces la oración que está al final de este estudio, (o has hecho alguna similar) y ha sido de corazón queriendo significar cada palabra, entonces eres cristiano. No importa si sentiste algo o no, eres cambiado porque Dios lo ha prometido y El no puede mentir. Te has convertido en discípulo o seguidor de Jesús. El paso que has tomado es sólo el principio. Es parecido a nacer de nuevo y empezar una vida nueva. Ahora eres hijo de Dios y El te ha dado el Espíritu Santo para que tengas toda la ayuda y poder que necesitas para vivir una vida que agrade a Dios. Tal como un recién nacido tiene muchas necesidades, para crecer y madurar, así también el cristiano nuevo. Lee y estudia el resto de este libro para descubrir algunas de las cosas básicas que Dios quiere que sepas ahora que eres cristiano.

Preguntas y consejos:

1. ¿Qué dicen los siguientes versículos sobre el porqué Dios envió a Su Hijo Jesús al mundo? (Juan 3:16-18; Juan 17:2)
2. ¿Cuál es la consecuencia de desagradar a Dios (pecar)? (Isaías 59:2)
3. ¿Qué necesitamos hacer nosotros? (Marcos 1:15; Hechos 3:19)

4. El perdón significa quitar y olvidar. Lee 1 Juan 1:9 a la luz de esto.
5. ¿Qué haremos si amamos a Dios? (Juan 14:23)
6. ¿Realmente recibimos el Espíritu Santo cuando nos convertimos en cristianos? (Efesios 1:13-14)
7. Lee los siguientes versículos para tu aliento: Juan 1:12; Juan 5:24; Romanos 5:8; Hebreos 13:5; 1 Juan 5:11-12

Oración:

Omnipotente Dios, es verdad que sí que hago cosas que no llegan a Tu medida. Honestamente quiero dar la espalda a todo esto, que reconozco como pecado. Te pido perdón por todo lo que he hecho que está mal a Tus ojos. Quiero seguir Tu camino en lugar del mío propio. Gracias por haber mandado a Tu Hijo Jesús a morir en la cruz para que yo pueda ser libre del castigo que merezco. Estoy contento de que levantaras a Jesús de la muerte y de que El está vivo hoy. Le hago a Jesús Señor de mi vida. Por favor entra en mi vida ahora mismo para que pueda ser hecho nuevo. Gracias por escuchar mi oración. Por favor ayúdame ahora a vivir el resto de mi vida con la ayuda y poder del Espíritu Santo que me has dado. Te lo pido en el nombre de Jesús. Amén.

Estudio 3

Ahora sigo el camino de Dios

Seguir a Jesús

Todo verdadero cristiano es llamado a ser discípulo de Jesús.Esto significa que seguirá a Jesús y que Sus afirmaciones serán lo primero en su vida, sin importarle lo que le cueste a sí mismo. Estará decidido a vivir una vida desacuerdo con el ejemplo que dio Jesús.

> *"El que dice que permanece en El, debe andar como El anduvo".*

(1 Juan 2:6)

Al vivir más en la luz de quién es Dios y lo que El ha dicho, muchas preguntas, tensiones, confusiones, perplejidades y dudas empezarán a apagarse. Aunque permanezcan algunas circunstancias difíciles, puedes confiar que todo está bajo el control de Dios y experimentar la verdadera paz y gozo interior.

21

Poner a Dios primero

"Mas buscad primeramente el reino de Dios, y Su justicia, y todas estas cosas os serán añadidas".

(Mateo 6:33)

Dios nos ha dado muchos privilegios o beneficios como seguidores Suyos pero nosotros también tenemos ciertas responsabilidades. Dios espera que Le agradezcamos por todo lo que ha hecho por nosotros y que le obedezcamos cuando El nos muestre Su camino. Nuestro seguir con Cristo y crecer como cristiano está condicionado a nuestra obediencia a la voluntad de Dios. Necesitamos poner a Dios primero y vivir para El en vez de para nosotros mismos.

Jesús dijo: "Si alguno quiere venir en pos de mí, niéguese a sí mismo, tome su cruz cada día, y sígame. Porque todo el que quiera salvar su vida, la perderá; y todo el que pierda su vida por causa de mí, éste la salvará".

(Lucas 9:23-24)

Seguir a Jesús de esta manera puede significar lucha y pruebas pero también significa el privilegio de descansar en Jesús (lee Mateo 11:28-30). Al poner a Jesús, Su voluntad y Su obra primero en tu vida, empezarás a experimentar plenamente el amor y cuidado de Dios porque El ha prometido proveer para todas tus necesidades diarias (lee Mateo 6:25-34).

"Todo lo puedo (puedes) en Cristo (Jesús) que me (te) fortalece."

(Filipenses 4:13)

Necesitamos dedicar nuestra vida a Jesús y seguirle y obedecerle todos los días. Los valores de vida para el cristiano real son mucho más altos que los valores del mundo. Se requiere coraje para seguir a Jesús de la manera que El quiere, pero El nos dará todo el coraje y fuerza que necesitemos si miramos hacia El y hacemos como El requiere.

El camino de Dios contiene placer y realización

"Me mostrarás la senda de la vida; en Tu presencia (aquí en la tierra) hay plenitud de gozo; delicias a Tu diestra para siempre".

(Salmo 16:11)

Ser cristiano no es aburrido sino que hay gran placer y realización en sí que nada más puede traer, porque los cristianos viven una vida que agrada a Dios. El placer del pecado a la larga te destruirá, pero los placeres de Dios te beneficiarán para toda la eternidad.

Dios nos enseñará Su camino que es el mejor camino

Al tomar una decisión importante como cristiano, no sólo haz lo que crees que es correcto sino busca a Dios y deja que Su Espíritu Santo te guíe. También déjate influenciar por la Palabra de Dios (la Biblia) al leerla diariamente. Si no estás seguro de qué hacer, o quieres que Dios te guíe, una buena pregunta que hacerte es ¿qué haría Jesús? Si tienes la menor duda entonces no lo hagas, especialmente si tu conciencia —dada por Dios— te molesta. Deja que Dios te guíe y deja que la paz de Dios reine en tu corazón (véase Colosenses 3:15).

> *"Fíate de Jehová de todo tu corazón, y no te apoyes en tu propia prudencia. Reconócelo en todos tus caminos, y El enderezará tus veredas".*

(Proverbios 3:5-6)

Busca poner a Jesús en primer lugar en todo lo que hagas. Si ves que no puedes invitar a Jesús a entrar en un aspecto de tu vida (quizás algo de que te avergüences), entonces pon fin a esa actividad o área porque te llevará lejos de Dios. Deja que Dios obre Su plan y voluntad para ti. Le has confiado con tu alma la eternidad, ahora confía a El tu vida cotidiana. Confía en El para solucionar

24

tus problemas y necesidades. El *puede* ayudarte y *te ayudará* en todo.

"Mi Dios, pues, suplirá todo lo que os falta conforme a Sus riquezas en gloria en Cristo Jesús".

(Filipenses 4:19)

Dios nos pide que vivamos por fe

"Es, pues, la fe la certeza de lo que se espera, la convicción de lo que no se ve".

(Hebreos 11:1)

La fe es creer a Dios y lo que El ha dicho en lugar de lo que vemos o sentimos. Necesitamos fe en Dios.

"Pero sin fe es imposible agradar a Dios; porque es necesario que el que se acerca a Dios crea que la hay, y que es galardonador de los que le buscan".

(Hebreos 11:6)

¿Cómo recibimos fe?

"Así que la fe es por el oír, y el oír por la palabra de Dios".

(Romanos 10:17)

La fe viene cuando oímos la Palabra de Dios en nosotros y creemos que Dios hará lo que dice que hará. Si has entregado tu vida a Jesús y en consecuencia has nacido de nuevo, entonces tienes una medida de fe.

"Justificados, pues, por la fe, tenemos paz con Dios por medio de nuestro Señor Jesucristo; por quien también tenemos entrada por la fe a esta gracia en la cual estamos firmes, y nos gloriamos en la esperanza de la gloria de Dios".

(Romanos 5:1-2)

¿Podemos expresar nuestra fe dando?

Dios tiene riquezas inagotables disponibles para Sus hijos. Somos herederos de todo lo que El posee (véase Romanos 8:17) y Dios ansía compartir esas riquezas con nosotros (véase Romanos 8:32). Todo lo que tenemos es de Dios y nos ha hecho administradores o cuidadores de ello. Podemos demostrar nuestra gratitud a Dios dando generosamente de nosotros mismos —nuestro tiempo, posesiones, talentos y dinero— a aquellos que tienen necesidades. Dar es aprender cómo compartir y ser buen administrador de lo que Dios nos ha dado. La Biblia dice:

"Pero esto digo: El que siembra escasamente, también segará escasamente; y el que siembra generosamente, generosamente también segará".

(2 Corintios 9:6)

Nosotros no podemos dar más que lo que Dios nos devolverá (véase Lucas 6:38).

¿Y qué sobre el bautismo en agua?

Ya desde los primeros días de la iglesia, la gente era bautizada siendo completamente sumergida en agua cuando se convertían en creyentes (véase Hechos 2:38-39). El bautismo significa muy sencillamente 'ser zambullido o mojado'. La misma palabra es usada en la Biblia para describir el teñir una tela. Para teñir una tela ésta es sumergida en la tinta y el resultado es que la tela adquiere todo el color de la tinta. Este proceso de teñido produce un cambio fundamental en la tela —sale de un color distinto. Lo mismo ocurre con el bautismo en agua. Cuando una persona es bautizada es zambullida o mojada en agua para significar que un gran cambio ha tenido lugar en ella. En este caso, no es el agua (como antes la tinta) que hace el cambio, sino el poder de Dios.

La mejor explicación de la importancia del bautismo en agua en la Bibia está en Romanos 6:1-11. Entretente leyendo estos versículos importantes y adquirirás una idea del significado de esta acción. Podemos resumirlo todo de esta manera:

- Simboliza entierro. Estamos siendo identificados de cerca en esta acción simbólica de la muerte del Señor Jesús. Una persona que es bautizada está diciendo que ha muerto con Cristo (véase Romanos 6:3).

- Da testimonio del hecho de que nuestra vieja vida acaba. Aquí no estamos hablando de la muerte física, sino de la verdad de que cuando una persona se convierte en creyente cristiano, es cortada de su viejo estilo de vida (véase Colosenses 2:11-12).

- Afirma que empezamos una nueva vida con Jesucristo (véase Gálatas 2.20).

- Confirma que nuestra comunión es con el Dios viviente: Padre, Hijo y Espíritu Santo (véase Colosenses 3:1-4).

- Representa el lavar nuestros pecados porque nos hemos valido de la obra de Jesús en la Cruz (Hechos 22:16).

- Es una confesión de que nos fundamos en la verdad de la fe que los cristianos han tenido desde el principio (véase 1 Corintios 15:3-7) y de que nos hemos trasladado de la realidad de nuestra vieja vida, para entrar en el poder de la vida nueva de Dios (véase 2 Corintios 5:17).

- Cumple el mandamiento del Señor Jesús mismo lo cual es una señal de que hemos decidido obedecer a todas Sus palabras en nuestra vida como Sus discípulos fieles (véase Mateo 28:19).

El bautismo en agua por inmersión total se lleva a cabo después de una confesión de tu fe en el Señor Jesucristo y de lo que El ha hecho por ti, y se hace en el nombre del Padre, del Hijo y del Espíritu Santo. Pide a tu iglesia local detalles sobre el bautismo en agua por inmersión total. Algunas iglesias tendrán actitudes diferentes hacia el bautismo en agua con respecto a la idea aquí presentada. Pide a Dios qué quiere que hagas acerca de ello y discútelo con los líderes de tu iglesia.

Preguntas y consejos:

1. ¿Cómo deberíamos vivir como discípulos de Jesús según Juan 8:31-32 y Colosenses 3:17?
2. ¿Tenemos responsabilidad ante Dios por la manera en que vivimos? (Mateo 5:16)
3. ¿Qué dicen los siguientes versículos acerca de nosotros en Cristo Jesús? (2 Corintios 5:17; Colosenses 2:9-10; Colosenses 3:9-10)
4. ¿Puede alguna cosa separarnos del amor de Dios? (Romanos 8:38-39)

5. ¿Qué garantía nos da el Espíritu Santo de que somos hijos de Dios? (Romanos 8:14-17)
6. ¿Cuál es la mayor característica que puede manifestar un creyente? (1 Corintios 13:1-13)
7. Para tu aliento: Efesios 2:6-10; 2 Pedro 1:3.
8. ¿El caminar por fe significa que cerramos los ojos, hacemos lo que creemos que es correcto y esperamos que sea lo mejor? (Hebreos 12:2)
9. ¿Qué puede hacer la fe en Dios? (Marcos 11:22-23)
10. ¿Qué dicen los siguientes versículos sobre el bautismo en agua? (Mateo 3:13-17; 1 Pedro 3:21-22)

Oración:

Omnipotente Dios, gracias por todo lo que has hecho por mí en Jesús. Quiero vivir como Su discípulo. Por favor ayúdame y fortaléceme mientras busco el hacerlo. Enséñame lo que Jesús haría en cada situación que afronte. Ayúdame a ponerle a El primero en todo lo que haga. Gracias también por la fe que me has dado y porque me ha capacitado para llegar a ser uno de Tus hijos. Ayuda a mi fe a crecer para que pueda servirte más efectivamente. Hay todavía mucho que no entiendo pero confío mi vida en tus manos. Te lo pido en el nombre de Jesús. Amén.

Estudio 4

Leer la Palabra de Dios

La necesidad de madurar

Ahora que te has convertido en cristiano, eres una nueva creación, has nacido de nuevo (véase 2 Corintios 5:17). Espiritualmente eres como un niño pequeño o un bebé que necesita empezar a crecer en madurez. La Palabra de Dios nos dice:

"desead, como niños recién nacidos, la leche espiritual no adulterada, para que por ella crezcáis para salvación".

(1 Pedro 2:2)

La leche a que se hace referencia aquí es la Palabra de Dios (la Biblia). Necesitamos leerla con regularidad, meditar en ella y obedecerla. Esto es básico para el crecimiento y la madurez cristiana. Sin ella permaneceremos como bebés espirituales y no creceremos nunca.

Hacer

Es importante que consigas al menos un Nuevo Testamento con una traducción moderna de la Biblia. La versión que recomendamos es La Reina-Valera última revisión es decir 1960. Como cristianos tenemos que apartar tiempo para leer la Palabra de Dios todos los días. De hecho, no deberíamos permitir que pase ni un solo día sin leer algo de la Biblia. Un buen lugar donde empezar a leer es el evangelio según San Juan en el Nuevo Testamento. Lee al menos un capítulo al día. Antes de empezar a leer, ora para que Dios te enseñe más acerca de Sí mismo y lo que tú has de hacer por El. Mientras lees hazte esta pregunta: "¿Qué me está diciendo Dios?" y acuérdate de obedecer lo que El te diga. Una vez terminado el evangelio de Juan, léelo de nuevo o bien sigue y lee el resto del Nuevo Testamento antes de empezar con el Antiguo Testamento.

Sugerencias:

- Subraya todos los versículos que Dios hace especialmente pertinentes para ti. Esto te ayudará a localizarlos para un uso futuro.

- Ten un cuaderno y bolígrafo a mano para que puedas anotar cualquier cosa que sientes que te está diciendo Dios o cualquier cosa que sea de ayuda para tu relación con Dios.

- Memoriza versículos que tengan un significado para ti, especialmente las promesas de Dios para nosotros como creyentes.

- No te esfuerces demasiado en comprender versículos. El Señor te mostrará el significado con el tiempo. También puedes pedir ayuda a los de tu iglesia local.

- Tu iglesia local probablemente tendrá o bien grupos caseros o bien un estudio Bíblico entre semana. Te será de ayuda el unirte a éstos para incrementar tu conocimiento de la Palabra de Dios.

- Existen ayudas para la lectura diaria de la Biblia con el fin de ayudarte a leer y a comprenderla. Pide detalles a tu iglesia local.

Obtener guía

La vida cristiana es como un viaje y la Palabra de Dios se describe como:

"Lámpara es a mis pies Tu Palabra, y lumbrera a mi camino".

(Salmo 119:105)

Dios nos hablará y nos guiará si leemos y meditamos en Su Palabra (la Biblia). La Biblia es el manual de nuestro creador. Nos da instrucciones y nos ayuda a comprender tanto a Dios, que nos creó, como a quiénes somos realmente como individuos. La Biblia también nos enseña cómo agradar a Dios en cada área de nuestra vida y cómo mejor podemos servirle. Deberíamos, entonces, entretenernos en leerla y estudiarla.

"La exposición de Tus palabras alumbra; hace entender a los simples".

(Salmo 119:130)

¿Qué puede hacer la Palabra de Dios?

La Palabra de Dios puede ayudarnos a vencer problemas y confusiones. Nos enseña cómo son las cosas en la realidad porque es la verdad de Dios revelada a nosotros. Puedes confiar en las Escrituras.

"Toda la Escritura es inspirada por Dios, y útil para enseñar, para redargüir, para corregir, para instruir en justicia.

A fin de que el hombre de Dios sea perfecto, enteramente preparado para toda buena obra".

(2 Timoteo 3:16-17)

La Palabra de Dios nos da comida que nos preparará para la eternidad con Dios. Es nuestro patrón mediante el cual medir las cosas de la vida para valorar si son de Dios y son para Dios o no.

¿Podemos confiar en el Nuevo Testamento?

La siguiente tabla muestra la autenticidad y veracidad de los evangelios comparados con la literatura secular comparable.

Escritura antigua	La historia theoydides	La guerra Galica de Cesar	Historias de Tacito	Los cuatro evangelios
A. Copia más antigua en existencia	460-400 A.C.	58-50 A.C.	Aprox. 100 D.C.	65-90 D.C.
B. Copia más antigua en existencia	900 D.C. (+ algunos fragmentos del 1er siglo)	850 D.C.	800 D.C.	350 D.C. (aún antes para algunos fragmentos)
C. Tiempo aprox. entre A y B	1.300 años (fragmentos 400 años)	900 años	700 años	300 años (fragmentos 50 años)
D. Número de copias actuales en existencia hoy	8	10	4	Hasta 2.000

Se debe recordar que entre 250-500 testigos oculares de la resurrección de Jesús estaban vivos cuando Pablo y los otros escritores del Nuevo Testamento escribieron sus manuscritos. Si los escritos de la iglesia primitiva fueran falsos sin duda existiría evidencia de desafíos a su autenticidad, y éste no es el caso. Los escritos seculares de aquella época mencionan a Jesús y no contradicen los cuatro evangelios. Ningún descubrimiento arqueológico ha arrojado tampoco dudas sobre la veracidad de la Biblia. Todas estas cosas revelan la veracidad del Nuevo Testamento.

Preguntas y consejos:

1. ¿Para qué cuatro cosas nos dice que es útil la Escritura en 2 Timoteo 3:16-17 y cuál es la meta de Dios en esto?
2. Lee Josué 1:7-8, y luego contesta lo siguiente:
   a. Deberíamos molestarnos en leer la Palabra de Dios o sólo apoyarnos en lo que creemos correcto?
   b. ¿Deberíamos pensar en la Palabra de Dios sólo ocasionalmente cuando tenemos tiempo?
   c. ¿Tiene en verdad alguna relación la Palabra de Dios con nuestra vida cotidiana, es decir es práctica la Biblia para ayudarnos a vivir?
   d. ¿Qué debería ocurrir como resultado directo de meditar en la Palabra de Dios?

3. ¿Qué pueden hacer las Escrituras por ti? (2 Timoteo 3:15)
4. ¿Qué hace que la Biblia sea diferente de cualquier otro libro? (1 Tesalonicenses 2:13)
5. ¿Qué sucederá al agarrarnos de la enseñanza de Jesús revelada en la Biblia? (Juan 8:31-32)
6. ¿Qué hemos de permitir que haga la Palabra de Dios (o la Palabra de Cristo)? (Colosenses 3:16; Romanos 15:4)
7. Jesús dijo: "No sólo de pan vivirá el hombre" así que ¿de qué otra forma deberíamos ser nutridos y sustentarnos? (Mateo 4:4)
8. ¿Cómo se describe la Palabra de Dios? (Hebreos 4:12)
9. ¿Qué quiere que hagamos el Señor y cuál será el resultado? (Salmo 1:1-3)

Oración:

Omnipotente Dios, gracias porque Tú nos has dado la Biblia que es la Palabra de Dios revelada a nosotros. Me doy cuenta de que sé tan poco acerca de Ti y de Tus planes para mí y quiero saber más. Ayúdame a apartar tiempo cada día para leer Tu Palabra, la Biblia, y mientras la leo capacítame para aprender más de ti y de lo que Tú quieres que haga por Ti. Lo oro en el nombre de Jesús. Amén.

Estudio 5

Oración: Comunicación bidireccional

¿Por qué oramos?

Orar es simplemente hablar con Dios y escucharle. Necesitamos apartar un tiempo cada día para buscar a Dios y orarle. Esto hará que nuestra relación con Dios se desarrolle porque estaremos pasando tiempo cumunicándonos con El. Dios quiere que nosotros le hablemos. Quiere que le pidamos Su ayuda y quiere hablarnos. Dios nos ama y se preocupa por nosotros. De hecho, El ha prometido nunca abandonarnos ni desampararnos (véase Hebreos 13:5). Mientras crece tu relación con Dios por medio de tu vida de oración, te preguntarás cómo te las pudiste arreglar antes sin El.

¿Dónde encaja Jesús?

El Hijo de Dios, Jesús, era un hombre tal como nosotros, y pasó por los mismos problemas y tentaciones que nosotros. Por consiguiente, El sí que entiende lo que necesitamos (véase Hebreos 4:15). También está ahora a la diestra de Dios intercediendo (u orando) por nosotros (véase Romanos 8:34). Jesús quiere ser un amigo nuestro y ayudarnos a vivir de una manera que le agrade a Dios. Vayamos dónde vayamos, Jesús va con nosotros por el Espíritu Santo. El está siempre allí para que podamos orar y pedirle guía y ayuda. Podemos compartir nuestros problemas, nuestros gozos, y de hecho, todo aspecto de nuestra vida, con El. Ahora somos hijos de Dios y coherederos con Jesús (véase Romanos 8:17).

¿Cómo deberíamos orar?

Como cristianos nuevos, Dios sabe que tenemos muy poco conocimiento de El y quiere ayudarnos. El estará contento si sencillamente oramos y le pedimos cosas que necesitamos. Sin embargo, precisamos crecer más allá de esto y empezar a orar por otra gente y situaciones (véase Efesios 6:18). Dios quiere que a la larga aprendamos a ser dirigidos y guiados por el Espíritu Santo en nuestro orar. El Espíritu Santo es nuestro guía y consolador (véase Juan 14:16,26) y El nos enseñará a orar (véase Romanos 8:26-27). Dios no sólo oye y responde a nuestras oraciones; ¡nos ayuda a hacerlas! La Biblia nos urge a:

"Perseverad en la oración, velando en ella con acción de gracias".

(Colosenses 4:2)

De hecho, deberíamos:

"Por nada estéis afanosos, sino sean conocidas vuestras peticiones delante de Dios en toda oración y ruego, con acción de gracias".

(Filipenses 4:6)

Este versículo también señala qué, como parte de nuestra vida de oración, deberíamos agradecer a Dios por todo lo que ha hecho y en especial por la oración contestada.

La motivación correcta

Cuando ores, hazlo para agradar a Dios y no sólo para agradarte a ti mismo. En Santiago 4:3 leemos:

"Pedís, y no recibís, porque pedís mal, para gastar en vuestros deleites".

Dios quiere que oremos con la motivación correcta. No importa si oramos titubeando o con palabras entrecortadas. **Dios** nos oirá y actuará si

41

tenemos los motivos apropiados. Ciertamente no necesitamos usar un lenguage especial religioso cuando oramos, y no tenemos que utilizar oraciones preparadas especiales (véase Juan 16:24). Para probar tus motivos, pregúntate si lo que oras es para la gloria de Dios y para la extensión de Su Reino.

Ora con un corazón limpio

Cuando oramos necesitamos estar limpios ante Dios para que podamos venir ante El con confianza y mirarle a los ojos (véase Hebreos 4:16). Si has pecado entonces confiesa tu pecado y pídele a Dios que te perdone (véase 1 Juan 1:9). Dios también nos dice que perdonemos a los demás, no importa lo equivocados que estén, por que El nos ha perdonado muchísimo en Jesús (véase Mateo 6:14-15). Una vez que hayamos hecho esto podemos venir ante Dios confiadamente, porque ya no tendremos un corazón que nos condene. Si vivimos como Dios quiere y le obedecemos, podemos pedir y recibirlo todo (véase 1 Juan 3:21-24).

¿Deberíamos orar con otros?

"Porque donde están dos o tres congregados en Mi nombre, allí estoy Yo en medio de ellos".

(Mateo 18:20)

Deberíamos orar a Dios solos a diario. Sin embargo, la Biblia también menciona grupos de cristianos orando juntos con gran efecto (véase Hechos 4:23-24; Hechos 12:12). Pide a tu iglesia local detalles de sus reuniones de oración.

Sugerencias para la oración:

La oración puede ir acompañada de una lectura bíblica diaria.

- Deberías pasar al menos cinco minutos orando cada día. Mientras crece tu relación con Dios encontrarás que cinco minutos de oración no son suficientes. Desearás recurrir a Dios en cada situación porque sólo querrás hacer Su voluntad.

- Deberías encontrar algún lugar tranquilo donde no te molesten para tu tiempo de oración.

- En nuestros tiempos de oración deberíamos dejar lugar para que Dios nos hable.

- Deberíamos orar a Dios el Padre en el nombre de Jesús. Esto nos ayuda a guardar nuestra motivación para la oración correcta y además la Biblia nos dice que oremos de esta manera (véase Juan 14:13; Juan 16:23).

- En nuestras oraciones es bueno alabar a Dios por quien es y agradecerle por lo que ha hecho por nosotros y por otros.

Preguntas y consejos:

1. Lee Marcos 11:22-25 y luego contesta las siguientes preguntas:
   a. ¿A quién hacen referencia estos versículos?
   b. ¿Qué podemos hacer por medio de la oración?
   c. ¿Cuál debería ser la actitud de nuestro corazón cuando oramos?
   d. ¿Qué deberíamos hacer antes de orar?
2. ¿Qué recibirás en oración si crees? (Mateo 21:21-22)
3. ¿Cómo podemos estar seguros de que Dios oye nuestras oraciones? (1 Juan 5:14-15)
4. ¿Hasta qué punto es Dios capaz de contestar a nuestras oraciones? (Efesios 3:20)
5. ¿Qué simple fracaso puede ser a menudo la razón por la cual no recibimos de Dios? (Santiago 4:2)
6. ¿Cómo debería responder cuando siento que oro de acuerdo con la voluntad de Dios pero mis oraciones parecen quedar sin respuesta?
7. ¿Para qué clases de cosas podemos orar? (Mateo 9:38; 1 Timoteo 2:1-2; Santiago 1:5)
8. Lee Mateo 6:5-15 que es un pasaje en el que Jesús enseña a Sus discípulos a orar, y luego contesta las siguientes preguntas:
   a. ¿Dónde deberíamos orar? (versículo 6)

b. ¿Son necesarias las oraciones largas?
(versículos 7 y 8)

c. ¿Conoce Dios nuestras necesidades?
(versículo 8)

d. ¿A quién debemos orar? (versículo 9)

e. Cuando oramos ¿deberíamos ensalzar y exaltar a nuestro Padre que está en el cielo?
(versículo 9)

f. ¿Quiere Dios que pidamos por nuestras necesidades cotidanas? (versículo 11)

g. ¿Deberíamos pedirle a Dios que nos perdone nuestros pecados? (versículo 12)

h. ¿Deberíamos pedirle a Dios ayuda para resistir a Satanás y la tentación?
(versículo 13)

i. ¿Deberíamos perdonar a otros?
(versículos 14 y 15)

Oración:

Omnipotente Dios, gracias porque Te me has dado a conocer. Quiero llegar a conocerte más y que la relación entre nosotros crezca. Ayúdame a aprender a orarte y a ser disciplinado en apartar mi tiempo para hacerlo. Te lo pido en el nombre de Jesús. Amén.

Estudio 6

Comunión con otros cristianos

Paternidad y adopción

Cuando aceptamos a Jesús como nuestro Señor y Salvador llegamos a ser parte de la familia de Dios. Dios en verdad llega a ser un verdadero Padre para nosotros y nos adopta como Sus hijos (véase Gálatas 3:26-27; Gálatas 4:6-7). No lo merecíamos y ciertamente no nacimos naturalmente para esto. Dios lo hizo sólo por Jesús. No importa si somos varones o hembras, Dios nos considera ahora, en Cristo, Sus hijos. Somos muy preciosos para El y nos ama como debe hacerlo un Padre verdadero (véase Romanos 8:38-39). El nos guía, provee para nosotros, nos fortalece y nos ayuda a vivir de la mejor manera posible para nuestro bien a largo plazo. Sabe cuánto podemos resistir un momento dado y cuando necesitamos ser disciplinados (véase Hebreos 12:5-11). De hecho, El sólo permite que nos sucedan cosas para nuestro bien, si caminamos en obediencia a El (Romanos 8:28). Incluso quiere que entremos en Su presencia confiadamente y que tengamos comunión con El (véase Efesios 3:12).

Nos necesitamos los unos a los otros

Como parte de la familia de Dios, no podemos ser cristianos solos. Dios siempre ha llamado a Su pueblo a vivir en una relación especial, tanto consigo mismo, como los unos con los otros. Deberíamos ser como brasas ardiendo vivamente en un fuego. Juntos, todos damos calor y luz tanto unos a otros como a otros fuera del fuego. Pero si no recibimos comunión con otros cristianos empezaremos a perder nuestro fuego —empezaremos a enfriarnos. Necesitamos meternos en el fuego junto con otros seguidores de Jesús. El mejor lugar para hacer esto es en una iglesia donde se predica a Jesucristo como Salvador y Señor. Recuerda, la iglesia no es el edificio sino la comunidad de personas que siguen a Jesús. Como cristiano nuevo necesitas ser enseñado en la Palabra de Dios y necesitas el ánimo de otras personas que creen de la misma manera que tú.

Dios te conoce

Dios no te ha escogido por casualidad. Te conocía antes de que nacieras y sabe dónde podrás servirle mejor y aprender de El.

"Porque Tú formaste mis entrañas; Tú me hiciste en el vientre de mi madre. Te alabaré; porque formidables, maravillosas son tus obras; estoy maravillado, y mi alma lo sabe muy bien. No fue encubierto de Ti mi cuerpo, bien que en oculto fui formado, y entretejido en lo más profundo de la tierra. Mi embrión vieron tus ojos, y en Tu libro estaban escritas todas aquellas cosas que fueron luego formadas, sin faltar una de ellas".

(Salmos 139: 13-16)

La iglesia en la que Dios te ponga te necesitará tanto a ti como tú a ella. Dios te ha escogido para hacer una obra específica para El. Tú eres la mejor persona para esa obra, por lo tanto entrégate a lo que sabes que Dios quiere que hagas. Se obrero en la casa de Dios, no pasajero. Haz las cosas pequeñas que ves que se tienen que hacer, si no tienes ninguna otra cosa que hacer. Servir a la iglesia es servir a Dios. Al principio de tu vida cristiana, Dios probablemente sólo te pedirá que hagas cosas sencillas y pequeñas. Al mostrarte fiel en estas cosas, te llevará adelante a cosas más grandes y mejores. Sabe lo que puedes manejar.

Necesitamos a la iglesia

La iglesia de Jesucristo está formada por todo verdadero cristiano en el mundo. Obviamente, todos sus miembros no pueden reunirse en una sola vez, por lo tanto Dios ha dividido Su iglesia universal en áreas locales. Estas son las iglesias locales a las que nosotros, como parte de la familia de Dios, hemos de asistir. Dios instituyó estas iglesias locales para facilitar a los cristianos a:

- tener comunión unos con otros
- crecer espiritualmente
- adorar a Dios
- servir a Dios

y alcanzar al mundo con el mensaje de la salvación de Dios en Jesús

"no dejando de congregarnos, como algunos tienen por costumbre, sino exhortándonos, y tanto más, cuanto véis que aquel día se acerca".

(Hebreos 10:25)

Parte de un cuerpo

A la iglesia de Jesucristo se la describe en la Biblia como el cuerpo de Cristo (véase Efesios 1:22-23). Tal como un cuerpo humano sólo funciona como una entidad —sus miembros nunca hacen lo que ellos quieren— así debe ser con la iglesia. Los miembros de la iglesia de Jesucristo se pertenecen los unos a los otros (véase Efesios 4:25) y son todos importantes. De hecho, cada parte necesita funcionar (véase Efesios 4:16). La consecuencia lógica es que como individuos ne-

50

cesitamos estar vitalmente involucrados en el cuerpo de Cristo local.

Adoración en la iglesia

Cuando la iglesia se reúne, es importante reconocer que hay que dedicar tiempo para adorar a Dios. Adoramos a Dios no sólo por lo que ha hecho por nosotros o por medio de nosotros, sino por quién es. Se nos anima a que nos unamos a esta adoración contribuyendo con un himno (o coro), una palabra de instrucción, una revelación, una lengua, o una interpretación, para que la iglesia sea fortalecida (véase 1 Corintios 14:26).

Son las personas lo que cuentan

Cuando nosotros como cristianos nos reunimos, el edificio no es lo más importante, son las personas las que cuentan.

Jesús dijo:

"Porque donde están dos o tres congregados en Mi nombre, allí estoy Yo en medio de ellos".

(Mateo 18:20)

Ya no somos ajenos a Dios sino que somos los miembros de la casa de Dios con Jesús en el centro de todos nosotros. En Jesús todos somos unidos y edificados juntos para convertirnos en un lugar donde vive Dios por Su Espíritu (véase

Efesios 2:19-22). Comparte tu fe con otros en el cuerpo de Cristo (la iglesia) y deja que ellos compartan su fe contigo.

Preguntas y consejos:

1. Lee Hebreos 10:23-25 y contesta las siguientes preguntas:
   a. ¿Es Dios fiel? (versículo 23)
   b. ¿Deberíamos animarnos los unos a los otros y a qué?
   (versículo 24)
   c. ¿Es opcional la asistencia a la iglesia?
   (versículo 25)
2. ¿Tienen todos los cristianos en la iglesia local (o cuerpo de Cristo) un papel importante que jugar en la vida de ella? (Romanos 12:3-8)
3. ¿Cómo debe ver el creyente a sus compañeros creyentes? (Filipenses 2:3)
4. ¿Cuál era el deseo de Pablo para las iglesias primitivas? (1 Corintios 1:10)
5. ¿Por qué es necesario que los creyentes estén unidos? (Romanos 15:5-6; Juan 17:20-23)
6. ¿Cómo deberíamos responder a los líderes en la iglesia? (Hebreos 13:7)
7. ¿Qué puedes hacer tú por Dios en tu iglesia local?
8. Lee 1 Corintios 12:12-27 y contesta lo siguiente:
   a. ¿A qué es comparada la iglesia en este pasaje?

b. ¿A qué clase de cosas son comparados los cristianos individuales en la iglesia?

c. ¿Somos todos creados para funcionar de la misma forma o distintamente?

d. ¿Decidimos nosotros qué papel debemos jugar en la iglesia? Si no es así, ¿quién lo decide?

e. ¿Funcionaría la iglesia debidamente, si no hiciéramos nada o sólo lo que a nosotros nos apeteciese en vez de seguir a Dios?

f. ¿Somos de igual importancia en la iglesia independientemente del papel que jugamos?

Oración:

Omnipotente Dios, te agradezco por haberme colocado en Tu familia. Te ruego que me enseñes claramente a qué expresión local de tu familia universal quieres que me una. Reconozco la necesidad que tengo de relacionarme con mis hermanos. También te pido que me des amistades duraderas dentro de la iglesia local en la que me pongas. Estoy dispuesto a servir a aquella parte del cuerpo de Cristo de cualquier forma que Tú me pidas porque sé que al servir a la iglesia, Te sirvo a Ti. Te lo pido en el precioso nombre de Jesús. Amén.

Estudio 7

Espíritu, alma y cuerpo

El hombre es espíritu, alma y cuerpo. Necesitamos comprender la función de cada una de estas partes de nuestra persona y cómo se relacionan una con otra.

El espíritu humano

"Lo que es nacido de la carne, carne es; y lo que es nacido del Espíritu, espíritu es".

(Juan 3:6)

Ya que nacemos en la carne, nuestro espíritu humano es, a todo intento y propósito, inútil. Está inactivado porque estamos muertos espiritualmente; no tenemos comunicación ni comunión con Dios. Nuestro espíritu humano no está vivo, porque no hemos "nacido del Espíritu".

Jesús dijo: "De cierto, de cierto te digo, que el que no naciere de nuevo, no puede ver el reino de Dios".

(Juan 3:3)

Nuestro espíritu no ejerce ninguna influencia real sobre nosotros hasta que este renacimiento espiritual tiene lugar. Entonces podemos conocer a Dios por nosotros mismos, somos capaces de oírle y hablarle personalmente. Nuestro cuerpo se convierte en el templo del Espíritu Santo porque Dios ha venido a vivir en nosotros. Nuestro espíritu, por tanto, puede ser definido como la parte consciente de Dios de nosotros o el lugar dentro de nosotros en el que el Espíritu Santo puede morar.

El alma

El alma consta de 3 áreas principales de nuestra vida:

a. La mente —nuestro pensar y proceso intelectual.

b. Las emociones —nuestros afectos y sentimientos.

c. La voluntad —nuestra habilidad de escoger y determinar qué hacemos.

La palabra que usó Jesús en Su enseñanza puede ser traducida por "alma" o "vida". El alma es la parte no física del hombre natural, la persona que es, su personalidad y carácter. Hasta que nazcamos de nuevo del Espíritu de Dios, nuestra alma dirigirá nuestra vida. Estamos acostumbrados a valorar las situaciones con la mente y llegar a nuestras propias conclusiones y prestamos mucha atención a nuestras emociones y muchas veces permitimos que nos rijan.

El cuerpo

El cuerpo físico da cobijo al alma y al espíritu. Todo lo que pase en nuestra alma determina qué hacemos en el cuerpo. Nuestro cuerpo reacciona a los pensamientos de nuestra mente, expresa las emociones y responde a las decisiones de la voluntad.

Cuando nacemos de nuevo nuestro cuerpo se convierte en la morada o templo del Espíritu Santo. Esto significa que podemos vivir bajo la dirección del Espíritu de Dios. El sopla vida en nuestro espíritu humano y la entera dirección e influencia de nuestra vida es cambiada. Ahora, en vez de estar bajo el dominio de nuestra alma y cuerpo con todo su poder e influencia negativos, podemos conocer el poder de Dios obrando en nosotros mientras toca nuestro espíritu por Su Espíritu.

Nuestro espíritu puede empezar, entonces, a ejercer su control correcto sobre el alma, informar la mente, emociones y voluntad del propósito de Dios. El cuerpo entonces puede ser dirigido por el

Espíritu obrando por medio del alma, para realizar la voluntad y propósito de Dios.

"De modo que si alguno está en Cristo, nueva criatura es; las cosas viejas pasaron; he aquí todas son hechas nuevas".

(2 Corintios 5:17)

La renovación de tu mente

Los cinco sentidos (es decir tacto, gusto, vista, olfato y oído) todos alimentan la mente y son procesados allí como en un ordenador. Empezamos a pensar y a actuar conforme a lo que damos a nuestra mente. La Biblia nos anima a que ya no alimentemos nuestra mente como lo hace el mundo sino que tengamos un cambio de entrada de información y por tanto que permitamos la renovación de la mente.

"No os conforméis a este siglo, sino transformaos por medio de la renovación de vuestro entendimiento".

(Romanos 12:2)

- La mente y el cuerpo son salidas para el Espíritu de Dios que mora en el verdadero cristiano. Una mente que no funciona como Dios quiere que funcione impedirá el desarrollo de nuestra vida espiritual. Necesitamos:

- Preparar nuestra mente para la acción de Dios (véase 1 Pedro 1:13).

- Tomar cautivo todo pensamiento para hacerlo obediente a Cristo (véase 2 Corintios 10:5).

- Asegurarnos de que nuestra mente no sea desviada de nuestra sincera y pura devoción a Cristo Jesús (véase 2 Corintios 11:3).

- Ocupar nuestra mente con pensamientos de Dios (véase Filipenses 4:8-9; Tito 2:11-14) y la Palabra de Dios (véase Hebreos 4:12-13; 2 Timoteo 3:16-17).

De hecho, necesitamos rendir nuestra mente y actos por completo a Dios (véase Romanos 12:1). El Espíritu Santo viviendo en nosotros quiere enseñarnos a vivir de acuerdo con los caminos de Dios. Debemos escoger si obedecerle o si hacer lo que nos venga en gana. Nuestra mente, como cristianos nuevos, tiende a pensar como lo solía hacer antes de conocer a Cristo Jesús. Ahora que eres cristiano necesitas un cambio en tu modo de pensar. Esto requerirá disciplina y tiempo. Al rendir más de tu mente a la guía de Dios y menos a tus antiguos deseos y lo que te dictan los cinco sentidos que hagas, entonces más de tu mente será como Dios quiere que sea.

Espíritu de Dios por medio de nuestro espíritu	←— Mente —→	Los 5 sentidos, nuestro antiguo modo de pensar y Satanás

Las   influencias   sobre   nuestra   mente

60

Preguntas y consejos:

1. ¿Necesita ser cambiada nuestra mente? (Romanos 8:5-7; Efesios 2:3; Efesios 4:17-18)
2. ¿Se te ocurre algo que haces o que piensas a menudo, que necesita cambiar?
3. ¿Te ayudará Dios a cambiar? (1 Tesalonicenses 5:23-24)
4. ¿Es importante entregar nuestra vida al control del Espíritu Santo de Dios? (Romanos 8:12-14; 1 Corintios 2:9-16)

Oración:

Omnipotente Dios, Te doy gracias de que has dado vida a mi espíritu con Tu Espíritu Santo. Sé que tengo mucho que necesita cambiar en mi modo de pensar y en lo que hago. Entrego mi vida al control de Tu Espíritu Santo que mora en mí. Cámbiame como sabes que necesito ser cambiado, para que te pueda servir mejor y vivir como Tú quieres que viva. Hazme como Tú quieres que sea en cuerpo, alma y espíritu. Te lo pido en el precioso nombre de Jesús. Amén.

Estudio 8

El poder
del Espíritu Santo

¿Quién es el Espíritu Santo?

El Espíritu Santo es Dios. Existe un Dios que tiene tres partes:

Dios el Padre, Dios el Hijo (Jesús) y Dios el Espíritu Santo.

Para ayudarte a ver cómo es posible esto, considera una manzana. Tiene la piel, la carne y el corazón. Una manzana con tres partes. El Espíritu Santo es una persona, no una fuerza ni una influencia vaga y nebulosa. Debemos hacer siempre referencia al Espíritu Santo como a El no a ello.

"Si me amáis, guardad mis mandamientos. Y yo rogaré al Padre, y os dará otro Consolador, para que esté con vosotros para siempre: el Espíritu de verdad, al cual el mundo no puede recibir, porque no le ve, ni le conoce;

pero vosotros le conocéis, porque mora con vosotros, y estará en vosotros".

(Juan 14:15-17)

¿Por qué necesitamos al Espíritu Santo?

1. El Espíritu Santo nos enseñará nuestro estado pecaminoso y nuestra necesidad de Dios (véase Juan 16:7-11).
2. Nos capacitará también para nacer en la familia de Dios haciendo que nuestro espíritu esté vivo hacia Dios cuando nazcamos de nuevo (véase Juan 3:5-8; 2 Corintios 3:6).
3. Jesús quería que Su obra continuara en el mundo después de haber muerto, ser resucitado y haber ido a estar con Su Padre en el cielo. Jesús mismo no empezó Su obra en la tierra hasta que hubo recibido el Espíritu Santo (véase Lucas 3:21-23). Necesitó ser lleno del Espíritu Santo para darle el poder de hacer toda la obra que Dios le había pedido que hiciera.

Jesús les dijo a los que entrenó para continuar Su obra que ellos también necesitaban el mismo poder para hacer esta obra. Debían de esperar hasta que estuvieran revestidos con poder de lo alto, es decir, ser llenos o bautizados con el Espíritu Santo (véase Hechos 1:4-5,8).

64

Esto era una promesa de Dios el Padre que vendría como consecuencia de haberse ido Jesús al Padre y haber sido glorificado (véase Lucas 24:46-49; Juan 16:7). Ser lleno o bautizado con el Espíritu Santo es una experiencia en la que el creyente es completamente revestido con el poder sobrenatural del Espíritu Santo para hacer las obras de Cristo y para vivir la vida cristiana "llena del Espíritu". Es el portal desde una esfera natural del cristianismo a una esfera más sobrenatural de la vida en el Espíritu.

¿Está disponible este poder hoy?

El Espíritu Santo no fue dado solamente a la generación después de que Jesús se marchara de la tierra, era una promesa a todos los que son verdaderos cristianos. Este poder aún está disponible hoy para aquellos que lo pidan. El Espíritu Santo viene, no sólo para nuestra salvación, sino también para habilitarnos para servir a Dios más eficazmente y fructíferamente.

"Arrepentíos, y bautícese cada uno de vosotros en el nombre de Jesucristo para perdón de los pecados; y recibiréis el don del Espíritu Santo. Porque para vosotros es la promesa, y para vuestros hijos, y para todos los que están lejos; para cuantos el Señor nuestro Dios llamare".

(Hechos 2:38-39)

65

¿Qué me hará el Espíritu Santo?

El Espíritu Santo no te va a forzar a que hagas nada. Antes de nacer de nuevo en el reino de Dios somos como marionetas manejadas con cuerdas que Satanás tiene para manipularnos. Después de nacer de nuevo estas cuerdas son rotas. Dios, sin embargo, no coge las cuerdas para manipularnos. Nos da Su Espíritu Santo y nos enseñará el camino de Dios si se lo permitimos. No nos forzará a hacer la voluntad de Dios. Tenemos que decidir. Dios nos da control sobre nosotros mismos y por tanto debemos escoger: el camino de Dios o el nuestro. Dios no sólo quiere guiarnos sino además llenarnos y darnos poder con el Espíritu Santo.

¿Cómo somos llenos o bautizados con el Espíritu Santo?

El Espíritu Santo es comparado al viento (véase Juan 3:8). Nadie puede crear ni controlar el viento pero podemos ponernos en un lugar donde podemos experimentar el viento cuando sopla. Podemos abrir las ventanas y las puertas para dejar que entre la brisa y también podemos hacer lo mismo con nuestra vida abriéndola al Espíritu Santo. Necesitamos entregar toda área de nuestra vida a Dios y permitir a Jesús ser Señor sobre ellas para que nosotros seamos llenos con el Espíritu Santo.

El Espíritu de Dios no entrará donde no es querido
o no es pedido o donde hay pecado.

Jesús dijo:

*"Si alguno tiene sed, venga a Mí y beba. El
que cree en Mí, como dice la Escritura, de
su interior correrán ríos de agua viva. Esto
dijo del Espíritu que habían de recibir los
que creyesen en El; pues aún no había venido el Espíritu Santo, porque Jesús no había
sido aún glorificado".*

(Juan 7:37-39)

Jesús también dijo:

*"Y Yo os digo; Pedid y se os dará; buscad, y
hallaréis; llamad, y se os abrirá. Porque
todo aquel que pide, recibe; y el que busca,
halla; y al que llama, se le abrirá. ¿Qué padre de vosotros, si su hijo le pide pan, le
dará una piedra? ¿O si pescado, en lugar de
pescado, le dará una serpiente? ¿O si le
pide un huevo, le dará un escorpión? Pues
si vosotros, siendo malos, sabéis dar buenas
dádivas a vuestros hijos, ¿cuánto más vuestro Padre celestial dará el Espíritu Santo a
los que se lo pidan?"*

(Lucas 11:9-13)

¿Qué sobre las lenguas?

Cuando eres lleno con el Espíritu Santo, es bastante común encontrarte hablando en otro idioma (llamado lenguas) que no has aprendido. No hace falta temer esto. Es el Espíritu Santo hablando a través de ti a Dios. Cuando hablas en lenguas, la Biblia dice que serás edificado (véase 1 Corintios 14:1-5).

¿Eres lleno una sola vez?

Cuando el apóstol Pablo escribió "sed llenos con el Espíritu" en Efesios 5:18, el tiempo verbal que usó implicó que debemos seguir siendo llenos con el Espíritu. Debería ser una renovación continua, diaria y siempre nueva. Nuestra vida necesita estar constantemente abierta al Espíritu de Dios.

¿Qué hace el Espíritu Santo por nosotros?

Nos da:
1. Poder para pertenecer a Jesucristo y al Reino de Dios (véase Juan 3:5-8; Romanos 8:9,16-17).
2. Poder para vivir como Jesús quiere que vivamos (véase Efesios 3:16; Romanos 8:11,14).

3. Poder para ser testigos de Dios (véase Hechos 1:8; 1 Corintios 2:4-5).
4. Poder para comprender a Dios y Sus caminos (véase Efesios 1:17-21; 1 Corintios 2:9-16; Juan 16:13-15).
5. Poder para orar a Dios (véase Romanos 8:26-27).
6. Poder para tener comunión con Dios y con otros cristianos (véase Filipenses 2:1-2).
7. Poder para vencer nuestra vieja concupiscencia, el pecado, la muerte, Satanás, y al mundo (véase 2 Corintios 3:17; 1 Juan 4:4; Romanos 8:2; Gálatas 5:16).
8. Poder para amar y tener esperanza (véase Romanos 5:5; Romanos 15:13).

Preguntas y consejos:

1. ¿Quién te bautizará o te llenará con el Espíritu Santo? (Marcos 1:7-8)
2. ¿Qué tres cosas hará el Espíritu Santo por nosotros? (Juan 14:26; Juan 16:13)
3. ¿Cuál debería ser el resultado de recibir la promesa del Padre? (Hechos 1:8)
4. ¿Dónde escoge vivir el Espíritu Santo? (1 Corintios 3:16; y ¿cómo deberíamos vivir en consecuencia? (1 Corintios 6:19-20)
5. ¿Cuáles son los nueve dones del Espíritu Santo y quién decide cuál será el don de cada uno? (1 Corintios 12:8-11)

6. ¿A quién son dados los dones y cuál es su propósito? (1 Corintios 12:7)
7. ¿Cuáles son los nueve frutos del Espíritu Santo? (Gálatas 5:22-23)
8. ¿Qué clase de adoradores busca el Padre? (Juan 4:23-24)
9. Lee Gálatas 5:16-18,25 y contesta lo siguiente:
   a. ¿Nos llevan los deseos de la naturaleza pecaminosa y el Espíritu en la misma dirección?
   b. ¿Por quién debemos ser llevados?
10. ¿De qué tres maneras podemos estorbar la obra del Espíritu Santo? (1 Tesalonicenses 5:19; Efesios 4:30; Hechos 7:51)

Oración:

Omnipotente Dios, te agradezco Tu precioso regalo del Espíritu Santo. Veo mi necesidad de ser lleno con Tu regalo. Te pido que perdones cualquier pecado que haya cometido contra Ti y te agradezco Tu perdón. Te entrego mi vida de nuevo. Te pido que me llenes ahora con Tu Espíritu Santo a fin de darme poder para la obra que Tú quieres que haga por Ti. Gracias Señor porque Tú has prometido dar el Espíritu Santo en esta manera a todos los que lo pidan. Te lo pido en el nombre de Jesús. Amén.

Estudio 9

De qué estar vigilante

La tentación y cómo tratarla

Nacemos con una tendencia a desviarnos igual que una bocha. La Biblia dice que nuestra vieja naturaleza es responsable de esto. Como consecuencia siempre nos desviamos del camino recto establecido por la Palabra de Dios. Cuando nacemos de nuevo y nos convertimos en uno de los hijos de Dios, aún somos capaces de pecar pero ya no tenemos que hacerlo a la fuerza. Somos libres para aprender a alcanzar lo que Dios quiere y no a fracasar como lo hacíamos en el pasado. No es necesario para un cristiano pecar porque Dios nos ha dado el poder para resistir la tentación de pecar.

"No os ha sobrevenido ninguna tentación que no sea humana; pero fiel es Dios, que no os dejará ser tentados más de lo que po-

déis resistir, sino que dará también junta-
mente con la tentación la salida, para que
podáis soportar."

(1 Corintios 10:13)

No tenemos por qué rendirnos a ninguna tentación a pecar porque Dios nos dará ayuda y fuerza
para resistir y vencer si miramos hacia El.

¿Y qué si pecamos?

La tentación a pecar no es un pecado. Incluso
Jesús fue tentado (véase Mateo 4:1-11). Es el
rendirse a la tentación lo que es un pecado. Incluso si fracasamos, tenemos el perdón disponible
para nosotros en Jesús. Todo lo que tenemos que
hacer es confesar a Dios que le hemos decepcio-
nado en el área que sea y pedirle que nos perdone
y El lo hará. Dios se olvidará de que jamás hayamos obrado mal. Jesús fue castigado, juzgado y
condenado por todos los pecados, entonces, si le
pedimos perdón a Dios, podemos olvidarnos de
ese pecado y seguir con la vida, limpios y a cuenta
con Dios (véase 1 Juan 1:9).

Jesús nos puede ayudar

"Porque no tenemos un sumo sacerdote (Je-
sús) que no pueda compadecerse de nues-

72

tras debilidades, sino uno que fue tentado en todo según nuestra semejanza, pero sin pecado".

(Hebreos 4:15)

Jesús experimentó las mismas tentaciones a pecar que nosotros pero las resistió todas y no pecó ni una sola vez. El puede ayudarnos a hacer lo mismo si le entregamos nuestra vida.

Cosechar lo que siembras

Existe un principio en el Reino de Dios que es universal: Cosechas lo que siembras (véase Lucas 6:38). Si siembras viviendo en la desobediencia y el pecado voluntarioso a Dios cosecharás tristeza, egoísmo y un sentido de fracaso. Pero si siembras una vida de agrado a Dios serás realizado en tu vida en la tierra. Esto significa que tenemos que vivir como Dios quiere y no como sentimos que queremos. Dios nos ayudará a dar la espalda a cualquier tentación al pecado si se lo permitimos. Nuestras recompensas en el cielo dependen de lo que hagamos ahora (véase 1 Corintios 3:11-15).

De todas formas ¿quién es Satanás?

Satanás o el diablo es un ángel de Dios caído que se rebeló contra Dios por orgullo. Es nuestro enemigo porque se pone en contra de todo lo que sea de Dios.

"Sed sobrios, y velad; porque vuestro adversario el diablo, como león rugiente, anda alrededor buscando a quien devorar; al cual resistid firmes en la fe ".

(1 Pedro 5:8-9)

Dios nos enseña en la Biblia que necesitamos vigilar por si el diablo consigue pie en nuestra vida (véase Efesios 4:27). El diablo no es ningún caballero. Quiere nuestra destrucción y buscará nuestras debilidades y se aprovechará de ellas en los peores momentos posibles. Necesitamos someternos a Dios y resistir al diablo y él huirá de nosotros (véase Santiago 4:7).

"El que practica el pecado es del diablo; porque el diablo peca desde el principio. Para esto apareció el Hijo de Dios, para deshacer las obras del diablo".

(1 Juan 3:8)

"Y despojando a los principados y a las potestades (el diablo), los exhibió (Jesús) públicamente, triunfando sobre ellos en la cruz".

(Colosenses 2:15)

El diablo es real y es tu enemigo. Una de sus armas más eficaces es el desánimo, así que sé vigilante de él (véase 2 Corintios 2:11). Recuerda, sin embargo, que Jesús triunfó sobre el diablo y sobre todos sus poderes (llamados demonios) en la cruz. Estamos en Jesús (véase Colosenses 3:3) y por tanto también nos ha sido dado autoridad sobre el diablo y sus demonios. El diablo tiene que ceder el paso si le resistimos con el corazón limpio ante Dios y en la autoridad del nombre de Jesús.

"Mas vosotros sois linaje escogido, real sacerdocio, nación santa, pueblo adquirido por Dios, para que anunciéis las virtudes de aquel que os llamó de las tinieblas a Su luz admirable".

(1 Pedro 2:9)

Preguntas y consejos:

1. ¿Crees que un cristiano sencillamente deja de pecar y empieza a vivir rectamente sin tener que hacer nada al respecto él mismo? (Colosenses 3:5-14; Filipenses 2:12-13; 1 Juan 1:8; 2:2)
2. ¿Nos tienta alguna vez Dios? (Santiago 1:13-15)
3. ¿Dónde está el diablo ahora respecto a Jesús? (Efesios 1:19-23)

75

4. ¿Intentará el diablo (o Satanás) influir sobre nuestro modo de pensar? (2 Corintios 4:4; 2 Corintios 11:3,14)
5. Lee los siguientes versículos para animarte: Filipenses 4:13; Santiago 1:2-4; 1 Juan 4:4.

Oración:

Omnipotente Dios, te doy gracias porque me has quitado la tendencia natural hacia el vivir pecaminoso. Sé que seré tentado a pecar pero te pido que me des la fuerza para resistir toda tentación que venga hacia mí. Quiero seguirte y agradarte. Reconozco también que Satanás intentará hacer que te falle. Te doy gracias porque has ganado una victoria completa sobre Satanás y todas sus obras en Jesús y otra vez te someto a Ti mi vida. Habiendo hecho esto sé que cuando resisto al diablo él huirá de mí. Te lo pido en el poderoso nombre de Jesús. Amén.

Estudio 10

Testificar: Discípulos en acción

Contar a otros acerca de Aquel que te salvó

Como cristianos, deberíamos contarle a otros acerca de Jesús y cómo ellos también pueden nacer de nuevo recibiéndole en su vida. A esto se le llama testificar.

Jesús dijo:

> *"Toda potestad Me es dada en el cielo y en la tierra. Por tanto, id, y haced discípulos a todas las naciones".*

(Mateo 28:18-19)

Si estuvieras ahogándote en un lago cercano y no supieras nadar, y me tirara, te sacara y te salvara la vida, ¡creerías que soy la mejor persona de toda la tierra! Querrías que todos tus amigos lo supieran y no estarías avergonzado de presentármelos. Jesús te ha salvado de algo muchísimo peor que la muerte física. Te ha salvado de la separación eterna de Dios en el infierno. Tenemos una responsabilidad en Dios de extendernos hacia otra gente y contarles lo que Dios ha hecho por nosotros. Nuestros amigos, compañeros de trabajo y familiares, de hecho, todo el mundo entero necesita saber lo que hay disponible para ellos en Jesús.

Jesús dijo:

"Id por todo el mundo y predicad el evangelio a toda criatura".

(Marcos 16:15)

Alguien te contó acerca de Jesús y lo que El ha hecho por ti. No lo guardes para ti. Compártelo con otros.

¿Qué digo?

Tu vida ha sido cambiada por Jesús. ¿Cómo explicarías esto a alguien en un lenguaje sencillo y fácil de comprender? A esto se le llama dar tu testimonio. También necesitas pensar acerca de cómo dar una explicación clara de lo que crees. El segundo estudio en este curso te ayudará. Sería de ayuda aprender algunos versículos bíblicos apropiados. La siguiente tabla nos da un sendero paso a paso enseñando el camino hacia la salvación en Jesús.

El amor de Dios y el plan de salvación en Jesús	Juan 3:16
Naturaleza pecadora del hombre	Romanos 3:23
El castigo por el pecado	Romanos 6:23
Dar la espalda al pecado (arrepentimiento)	Hechos 3:19
Jesús es la respuesta	Juan 14:6
Recibir a Cristo	Romanos 10:9-10
Garantía de salvación	Juan 5:241
Juan 5:11-12	

Repaso (pídeles qué dirían a un amigo que quisiera hacerse cristiano)

Es de ayuda escribir la primera Escritura en las primeras páginas de tu Biblia para que la puedas encontrar y después subrayar las palabras en el texto. Escribe la siguiente Escritura del sendero al final de aquella página para que también sepas dónde encontrarlo. Entonces puedes progresar por todo el sendero. Sin embargo, el mejor método es memorizar o estas Escrituras o encontrar las tuyas propias para memorizar.

Pedro escribió:

"Estad siempre preparados para presentar defensa con mansedumbre y reverencia ante todo el que os demande razón de la esperanza que hay en vosotros".

(1 Pedro 3:15)

Como alguien que ha experimentado el amor salvador de Dios, tienes mucho que compartir. No obstante, acuérdate, cuando compartas con una persona acerca de Jesús, de mantenerlo sencillo y evita confundir a la persona. Sé fiel a los hechos básicos contándoles acerca de Jesús, Su amor y lo que El ha hecho por ti y por ellos.

Un patrón para testificar

Jesús dio un buen patrón para testificar en Juan 4:7-26. Abrió la conversación, escrita en este pasaje bíblico, con un tema familiar a la mujer con quien hablaba. Entonces llevó la conversación a las cosas espirituales. Le llevó a reconocer el hecho de su pecado. Se reveló a Sí mismo como el Cristo y le enseñó que El podía cubrir su necesidad. Nosotros podemos usar un acercamiento similar pero en vez de señalarles a nosotros mismos, podemos señalarles a Jesús.

Ora

Otra cosa que podemos hacer es orar a Dios por nuestra familia y amigos, que Dios también Se revele a ellos y que les convenza de su necesidad de aceptar a Jesús como su Señor y Salvador. Haz una lista de los nombres de tus amigos y parientes y empieza a orar por ellos de forma regular. Te asombrarás de lo que hará Dios.

Sé sensible

Habrá un momento, un lugar, y una manera de testificar de Jesús. Pídele a Dios que te enseñe y que te dé oportunidades. No vale el machacar hasta la sumisión o ser un pesado. La mejor manera de testificar es mostrando a otros que Jesús ha hecho un cambio consecuente y duradero en tu vida y eso hablará por sí. Otra gente con la que tienes contacto probablemente entonces vendrá y te preguntará qué ha pasado. Estáte preparado con una explicación.

Puede que se burlen de ti ¡y qué!

Puede que se rían de ti, que te apoden o se burlen por lo que dices, ¡y qué! Los hombres hicieron muchísimo peor a Jesús y El hubiera podido hacer algo al respecto. El no se desquitó porque vino para morir y para sufrir por ti y por mí. Tenemos la mayor posesión que puede tener uno: amistad con Dios. Es mucho mejor tener el favor y la bendición de Dios haciendo lo que El pide que el favor de otras personas que un día van a consumirse lentamente y perecer.

Jesús dijo:

"Si alguno Me sirve, sígame; y donde Yo estuviere, allí también estará Mi servidor. Si alguno Me sirviere, Mi Padre le honrará".

(Juan 12:26)

Preguntas y consejos:

1. ¿Qué se necesita antes de que la gente pueda clamar al Señor Jesús y creer en El para su salvación? (Romanos 10:13-15)
2. ¿Qué responsabilidad tenemos de traer a hombres a Cristo? (2 Corintios 5:18-21)
3. ¿Para qué debemos orar mientras testificamos de Cristo? (Hechos 1:8; Hechos 4:29-31; Colosenses 4:3)
4. ¿Por qué debemos continuar testificando sin miedo? (Romanos 1:16)
5. ¿Podemos mostrar a Jesús a otra gente con nuestra vida? (Mateo 5:13-16)
6. ¿Cuándo nos reconocerá Jesús ante nuestro Padre en el cielo? (Mateo 10:32)
7. Apunta tu testimonio en no más de una página.
8. ¿Cómo contestarías los siguientes puntos?

   a. ¿Qué más puede esperar Dios de mí que hacer el bien y ayudar a los demás? (Efesios 2:8-9)

   b. ¿No conducen todas las religiones al mismo lugar? (Juan 14:6)

   c. ¡Yo no he hecho nunca nada malo! (Juan 3:3; Romanos 3:23)

   d. Pretendo seguir a Jesús más adelante en la vida. (2 Corintios 6:2; Santiago 4:14)

Oración:

Omnipotente Dios, te agradezco todo lo que ya has hecho por mí en Jesús. Me has dado Tu amor y una esperanza y te alabo porque me has aceptado como Tu hijo. Señor, ayúdame a serte testigo como sé que debo ser. Muéstrame la gente por la que necesito orar y a la que debo hablar acerca de Ti. Quiero que el mayor número de personas que sea posible te conozcan como yo te conozco. Ayúdame también a vivir una vida que sea de Tu agrado para que otra gente te vea en mí. Señor Jesús, Tú empezaste la obra y nos comisionaste a seguir y completarla, haciendo discípulos de todas las naciones. Señor me ofrezco a Ti para que me uses en esta tarea. Heme aquí Señor, envíame. Te lo pido en el nombre de Jesús y para Su gloria. Amén.

Glosario

Abogado: es uno que se pone a nuestro lado y habla de parte de nosotros o nos ayuda en nuestra hora de necesidad.

Arrepentimiento: es dar una vuelta de 180 grados o tener otra opinión.

Bautizado: significa ser totalmente inmerso o ser lleno.

Comunión: es compartir en común.

Convicción: es cuando nos damos cuenta de que estamos equivocados o nos damos cuenta de que somos pecadores y estamos separados de Dios y condenados (hallados culpables).

Cristianos: también se les llama santos, creyentes o discípulos.

Discípulo: es un seguidor o adherido. Aprenden del que siguen normalmente obedeciendo sus enseñanzas e imitándoles.

Evangelio: significa buenas nuevas.

Expiación: pagar la pena o enmendar el pecado del hombre por el sacrificio del Señor Jesucristo cuando derramó Su sangre y murió en la cruz.

Fe: es creer en Dios y en Su Palabra en vez de en lo que vemos o sentimos.

Garantía: estar seguro de algo o estar totalmente confiado.

Gracia: son grandes riquezas a costa de Cristo. Es algo que no merecemos pero que de todas maneras Dios nos ha hecho disponible en Jesús.

Iglesia: es igual que decir el cuerpo de Cristo o sólo el cuerpo y suele hablar de una comunidad o grupo de cristianos más que de un edificio eclesiástico.

Justicia: es el carácter o la calidad de ser recto o justo

Justificación: es Dios vernos en Jesús y es tal como si no hubiéramos pecado nunca.

Naturaleza pecaminosa: es nuestra naturaleza que tiende hacia el pecado todo el tiempo sobre la cual no teníamos ningún control real hasta que nos hicimos cristianos.

Oración: es sencillamente el hablar y escuchar a Dios.

Palabra de Dios: son las Escrituras (la Biblia) o en términos generales, se refiere a las Palabras habladas por Dios.

Redención: significa liberar por pago de un rescate o comprar (especialmente comprar un esclavo con vistas a su libertad).

Salvación: significa liberación o preservación. Esta palabra se usa principalmente para referirse a la liberación espiritual y eterna dada inmediatamente por Dios a los que aceptan Sus condiciones de arrepentimiento y fe en el Señor Jesucristo.

Salvador: es un liberador o preservador.

Salvo: significa nacer de nuevo en el Reino de Dios o convertirse en cristiano verdadero.

¡Finalmente!

Si tienes alguna pregunta que surge de este libro, preguntas generales relacionadas con lo que has hecho cuando aceptaste a Jesús como tu Señor y Salvador, y te convertiste en discípulo de Jesús, o si tienes alguna dificultad en encontrar una buena iglesia donde asistir, por favor escribe a: